Ilona Steinert

Das 6 Minuten Workbook

**Dein Tagebuch für mehr Selbstliebe
in deinem Leben**

© 2019 Ilona Steinert
DE-79104 Freiburg

Verlag und Druck: tredition GmbH, Halenreie 40-44, 22359 Hamburg

ISBN Paperback: 978-3-7497-1326-4
ISBN Hardcover: 978-3-7497-1327-1

Vorwort

Let´s get started.

Du möchtest dich und dein Leben reflektieren, mehr zu dir finden und Kraft für den Tag tanken?

Du denkst Tagebuch schreiben war gestern? Weit gefehlt!

Hier kommt ein modernes Tagebuch, in welches du nicht unzählige Stunden pro Tag investieren musst. Es genügt, jeweils 3 Minuten jeden Morgen und jeden Abend mit dem Buch zu verbringen und schon bald wirst du merken, wie du positiver und gelassener in den Tag startest.

Simpel und wirkungsvoll kannst du damit täglich das eigene Wohlbefinden steigern. Es unterstützt dich darin, nicht auf das zu schauen, was fehlt oder nicht passt, sondern dich auf Fortschritt und Entfaltung zu fokussieren und darin zu verankern.

Mit 6 Minuten Auszeit für dich kannst du
* Dankbarkeit
* Vertrauen
* Selbstreflektion
* und persönliche Entfaltung zum Blühen bringen.

Du kannst dein Leben Tag für Tag freudiger machen, denn dieses Buch führt dich zu mehr Selbstliebe.

Let´s do it!

Herzlichst, deine Ilona

Nimm dich ernst und gib dir ein Versprechen

Ich bin der wichtigste Mensch für mich und gebe mir selbst die Möglichkeit zu wachsen. Ich nehme mich ernst und sorge für mich, deshalb verspreche ich mir, das 6 Minuten Workbook mindestens 7 Tage am Stück zu schreiben.

Ich beginne am: _____

Das zu tun ist mir wichtig, weil:

_____

_____

_____

_____

Wenn ich es schaffe, an 7 Tagen hintereinander in das Buch zu schreiben, werde ich:

_____

_____

_____

Ich werde deshalb Folgendes tun, um sicherzugehen, dass ich das Tagebuch jeden Tag führe:

_____

_____

_____

Am Morgen einen guten Anfang kreieren

Kannst du dir denken warum du das Tagebuch direkt nach dem Aufwachen schreiben solltest? Nein?

Dann schau mal: Wie sieht dein Morgen denn bisher aus?
- Du fühlst dich irgendwie faul und drehst du dich im Bett gerne noch fünf mal um.
- Dann hetzt du durch die Wohnung, weil du spät dran bist?
- Kannst dich einfach vor dem Kleiderschrank nicht entscheiden, was du heute anziehen sollst?
- Erledigst du schon mal die ersten Emails, bevor die Kinder aufwachen?
- Hetze und Chaos machen sich breit?

Du startest den Tag mit einer Negativspirale.

Wenn du ihn so beginnst ist es sehr gut möglich, dass dein Tag auch so weitergehen wird.

Stattdessen kannst du die wertvolle Gelegenheit nutzen, in den ersten Minuten deines Tages die Stimmung des restlichen Tages zu heben.

Dieses Tagebuch stellt dir Fragen, die dir positive Angewohnheiten erschaffen werden und du hast morgens bereits dein erstes Erfolgserlebnis gehabt. In nur drei Minuten, die Belohnung für das Ändern deiner bisherigen Morgenroutine ist unbezahlbar.

Vergiss nicht Prioritäten zu setzen und Aufgaben, die dir am Herzen liegen, mit Hilfe dieses Tagebuchs zu fokussieren.

Ich empfehle dir diese Aufgabe noch vormittags zu erledigen. Sei sicher, danach kannst du den Tag viel lockerer angehen.

und am Abend einen liebevollen Abschluss

Was tust du normalerweisen, bevor du ins Bett gehst?

Du siehst fern? Ein Drama, einen Krimi oder einen romantischen Film, der deine Sehnsucht in Fahrt bringt? Du schaust noch bei Facebook rein? Du verschickst noch schnell eine online Bestellung?

Bei vielen Menschen passiert genau das unmittelbar vor dem Schlafen.

Wie wäre es, wenn du diese Zeit stattdessen in dich selbst investierst? In dein Wohlbefinden und dein Glück? Mach den ersten Schritt in eine neue harmonischere Richtung und führe dein Tagebuch 3 Minuten unmittelbar bevor du einschläfst.

Du hattest einen langen Tag? Dein Tagebuch hilft augenblicklich dabei, deine Gedanken in eine positive Richtung zu lenken. Ganz egal, wie dein Tag gelaufen ist, du wirst besser einschlafen.

Es ist echt einfach.

DATUM: _____

Guten Morgen

Ich bin dankbar für:

_____

_____

_____

Was diesen Tag wunderbar machen wird:

_____

_____

_____

Meine Selbstbekräftigung & Tageslosung. Ich bin:

_____

_____

_____

Die wichtigste Aufgabe für heute ist:

_____

_____

Folgendes will ich nicht länger aufschieben:

_____

_____

_____

_____

Mein Abend

TAG 1

Ich fühle mich:

☐ glücklich ☐ nachdenklich ☐ ängstlich ☐ erschöpft ☐ erleichtert
☐ zufrieden ☐ gekränkt ☐ ärgerlich ☐ liebevoll ☐ selbstbewusst

Dieser Tag war einmalig, weil ich das gelernt habe:

_____

_____

_____

Heute bin ich dankbar für

_____

_____

_____

Davon hätte ich gerne mehr in meinem Leben:

_____

_____

_____

Das hätte ich heute noch besser oder anders machen können:

_____

_____

_____

_____

DATUM: _____

Guten Morgen

Ich bin dankbar für:

_____

_____

_____

Was diesen Tag wunderbar machen wird:

_____

_____

_____

Meine Selbstbekräftigung & Tageslosung. Ich bin:

_____

_____

_____

Die wichtigste Aufgabe für heute ist:

_____

_____

Folgendes will ich nicht länger aufschieben:

_____

_____

_____

_____

Mein Abend

TAG 2

Ich fühle mich:

- [ ] glücklich
- [ ] zufrieden
- [ ] nachdenklich
- [ ] gekränkt
- [ ] ängstlich
- [ ] ärgerlich
- [ ] erschöpft
- [ ] liebevoll
- [ ] erleichtert
- [ ] selbstbewusst

Dieser Tag war einmalig, weil ich das gelernt habe:

_____

_____

_____

Heute bin ich dankbar für

_____

_____

_____

Davon hätte ich gerne mehr in meinem Leben:

_____

_____

_____

Das hätte ich heute noch besser oder anders machen können:

_____

_____

_____

_____

DATUM: _____

Guten Morgen

Ich bin dankbar für:

_____

_____

_____

Was diesen Tag wunderbar machen wird:

_____

_____

_____

Meine Selbstbekräftigung & Tageslosung. Ich bin:

_____

_____

_____

Die wichtigste Aufgabe für heute ist:

_____

_____

Folgendes will ich nicht länger aufschieben:

_____

_____

_____

_____

Mein Abend

Ich fühle mich:

☐ glücklich ☐ nachdenklich ☐ ängstlich ☐ erschöpft ☐ erleichtert
☐ zufrieden ☐ gekränkt ☐ ärgerlich ☐ liebevoll ☐ selbstbewusst

Dieser Tag war einmalig, weil ich das gelernt habe:

_____
_____
_____

Heute bin ich dankbar für

_____
_____
_____

Davon hätte ich gerne mehr in meinem Leben:

_____
_____
_____

Das hätte ich heute noch besser oder anders machen können:

_____
_____
_____
_____

DATUM: _____

Guten Morgen

Ich bin dankbar für:

_____

_____

_____

Was diesen Tag wunderbar machen wird:

_____

_____

_____

Meine Selbstbekräftigung & Tageslosung. Ich bin:

_____

_____

_____

Die wichtigste Aufgabe für heute ist:

_____

_____

Folgendes will ich nicht länger aufschieben:

_____

_____

_____

_____

Mein Abend

TAG 4

Ich fühle mich:

☐ glücklich ☐ nachdenklich ☐ ängstlich ☐ erschöpft ☐ erleichtert
☐ zufrieden ☐ gekränkt ☐ ärgerlich ☐ liebevoll ☐ selbstbewusst

Dieser Tag war einmalig, weil ich das gelernt habe:

_____

_____

_____

Heute bin ich dankbar für

_____

_____

_____

Davon hätte ich gerne mehr in meinem Leben:

_____

_____

_____

Das hätte ich heute noch besser oder anders machen können:

_____

_____

_____

_____

DATUM: _____

Guten Morgen

Ich bin dankbar für:

_____

_____

_____

Was diesen Tag wunderbar machen wird:

_____

_____

_____

Meine Selbstbekräftigung & Tageslosung. Ich bin:

_____

_____

_____

Die wichtigste Aufgabe für heute ist:

_____

_____

Folgendes will ich nicht länger aufschieben:

_____

_____

_____

_____

Mein Abend

Ich fühle mich:

☐ glücklich ☐ nachdenklich ☐ ängstlich ☐ erschöpft ☐ erleichtert
☐ zufrieden ☐ gekränkt ☐ ärgerlich ☐ liebevoll ☐ selbstbewusst

Dieser Tag war einmalig, weil ich das gelernt habe:

_____

_____

_____

Heute bin ich dankbar für

_____

_____

_____

Davon hätte ich gerne mehr in meinem Leben:

_____

_____

_____

Das hätte ich heute noch besser oder anders machen können:

_____

_____

_____

_____

DATUM: _____

Guten Morgen

Ich bin dankbar für:

_____

_____

_____

Was diesen Tag wunderbar machen wird:

_____

_____

_____

Meine Selbstbekräftigung & Tageslosung. Ich bin:

_____

_____

_____

Die wichtigste Aufgabe für heute ist:

_____

_____

Folgendes will ich nicht länger aufschieben:

_____

_____

_____

_____

Mein Abend

TAG 6

Ich fühle mich:

- [ ] glücklich
- [ ] zufrieden
- [ ] nachdenklich
- [ ] gekränkt
- [ ] ängstlich
- [ ] ärgerlich
- [ ] erschöpft
- [ ] liebevoll
- [ ] erleichtert
- [ ] selbstbewusst

Dieser Tag war einmalig, weil ich das gelernt habe:

_____

_____

_____

Heute bin ich dankbar für

_____

_____

_____

Davon hätte ich gerne mehr in meinem Leben:

_____

_____

_____

Das hätte ich heute noch besser oder anders machen können:

_____

_____

_____

_____

DATUM: _____

Guten Morgen

Ich bin dankbar für:

_____

_____

_____

Was diesen Tag wunderbar machen wird:

_____

_____

_____

Meine Selbstbekräftigung & Tageslosung. Ich bin:

_____

_____

_____

Die wichtigste Aufgabe für heute ist:

_____

_____

Folgendes will ich nicht länger aufschieben:

_____

_____

_____

_____

Mein Abend

Ich fühle mich:

- [ ] glücklich
- [ ] zufrieden
- [ ] nachdenklich
- [ ] gekränkt
- [ ] ängstlich
- [ ] ärgerlich
- [ ] erschöpft
- [ ] liebevoll
- [ ] erleichtert
- [ ] selbstbewusst

Dieser Tag war einmalig, weil ich das gelernt habe:

_____

_____

_____

Heute bin ich dankbar für

_____

_____

_____

Davon hätte ich gerne mehr in meinem Leben:

_____

_____

_____

Das hätte ich heute noch besser oder anders machen können:

_____

_____

_____

DATUM: _____

Guten Morgen

TAG
8

Ich bin dankbar für:

_____

_____

_____

Was diesen Tag wunderbar machen wird:

_____

_____

_____

Meine Selbstbekräftigung & Tageslosung. Ich bin:

_____

_____

_____

Die wichtigste Aufgabe für heute ist:

_____

_____

Folgendes will ich nicht länger aufschieben:

_____

_____

_____

_____

Mein Abend

Ich fühle mich:

☐ glücklich ☐ nachdenklich ☐ ängstlich ☐ erschöpft ☐ erleichtert
☐ zufrieden ☐ gekränkt ☐ ärgerlich ☐ liebevoll ☐ selbstbewusst

Dieser Tag war einmalig, weil ich das gelernt habe:

_____

_____

_____

Heute bin ich dankbar für

_____

_____

_____

Davon hätte ich gerne mehr in meinem Leben:

_____

_____

_____

Das hätte ich heute noch besser oder anders machen können:

_____

_____

_____

_____

DATUM: _____

Guten Morgen

TAG 9

Ich bin dankbar für:

_____

_____

_____

Was diesen Tag wunderbar machen wird:

_____

_____

_____

Meine Selbstbekräftigung & Tageslosung. Ich bin:

_____

_____

_____

Die wichtigste Aufgabe für heute ist:

_____

_____

Folgendes will ich nicht länger aufschieben:

_____

_____

_____

_____

Mein Abend

TAG 9

Ich fühle mich:

☐ glücklich ☐ nachdenklich ☐ ängstlich ☐ erschöpft ☐ erleichtert
☐ zufrieden ☐ gekränkt ☐ ärgerlich ☐ liebevoll ☐ selbstbewusst

Dieser Tag war einmalig, weil ich das gelernt habe:

_____

_____

_____

Heute bin ich dankbar für

_____

_____

_____

Davon hätte ich gerne mehr in meinem Leben:

_____

_____

_____

Das hätte ich heute noch besser oder anders machen können:

_____

_____

_____

_____

DATUM: _____

Guten Morgen

Ich bin dankbar für:

_____

_____

_____

Was diesen Tag wunderbar machen wird:

_____

_____

_____

Meine Selbstbekräftigung & Tageslosung. Ich bin:

_____

_____

_____

Die wichtigste Aufgabe für heute ist:

_____

_____

Folgendes will ich nicht länger aufschieben:

_____

_____

_____

_____

Mein Abend

TAG 10

Ich fühle mich:

- ☐ glücklich
- ☐ zufrieden
- ☐ nachdenklich
- ☐ gekränkt
- ☐ ängstlich
- ☐ ärgerlich
- ☐ erschöpft
- ☐ liebevoll
- ☐ erleichtert
- ☐ selbstbewusst

Dieser Tag war einmalig, weil ich das gelernt habe:

_____

_____

_____

Heute bin ich dankbar für

_____

_____

_____

Davon hätte ich gerne mehr in meinem Leben:

_____

_____

_____

Das hätte ich heute noch besser oder anders machen können:

_____

_____

_____

_____

DATUM: _____

Guten Morgen

Ich bin dankbar für:

_____

_____

_____

Was diesen Tag wunderbar machen wird:

_____

_____

_____

Meine Selbstbekräftigung & Tageslosung. Ich bin:

_____

_____

_____

Die wichtigste Aufgabe für heute ist:

_____

_____

Folgendes will ich nicht länger aufschieben:

_____

_____

_____

_____

Mein Abend

Ich fühle mich:

☐ glücklich ☐ nachdenklich ☐ ängstlich ☐ erschöpft ☐ erleichtert
☐ zufrieden ☐ gekränkt ☐ ärgerlich ☐ liebevoll ☐ selbstbewusst

Dieser Tag war einmalig, weil ich das gelernt habe:

_____

_____

_____

Heute bin ich dankbar für

_____

_____

_____

Davon hätte ich gerne mehr in meinem Leben:

_____

_____

_____

Das hätte ich heute noch besser oder anders machen können:

_____

_____

_____

_____

DATUM: _____

Guten Morgen

Ich bin dankbar für:

_____

_____

_____

Was diesen Tag wunderbar machen wird:

_____

_____

_____

Meine Selbstbekräftigung & Tageslosung. Ich bin:

_____

_____

_____

Die wichtigste Aufgabe für heute ist:

_____

_____

Folgendes will ich nicht länger aufschieben:

_____

_____

_____

_____

Mein Abend

TAG 12

Ich fühle mich:

☐ glücklich ☐ nachdenklich ☐ ängstlich ☐ erschöpft ☐ erleichtert
☐ zufrieden ☐ gekränkt ☐ ärgerlich ☐ liebevoll ☐ selbstbewusst

Dieser Tag war einmalig, weil ich das gelernt habe:

_____

_____

_____

Heute bin ich dankbar für

_____

_____

_____

Davon hätte ich gerne mehr in meinem Leben:

_____

_____

_____

Das hätte ich heute noch besser oder anders machen können:

_____

_____

_____

_____

DATUM: _____

Guten Morgen

Ich bin dankbar für:

_____

_____

_____

Was diesen Tag wunderbar machen wird:

_____

_____

_____

Meine Selbstbekräftigung & Tageslosung. Ich bin:

_____

_____

_____

Die wichtigste Aufgabe für heute ist:

_____

_____

Folgendes will ich nicht länger aufschieben:

_____

_____

_____

_____

Mein Abend

TAG 13

Ich fühle mich:

- ☐ glücklich ☐ nachdenklich ☐ ängstlich ☐ erschöpft ☐ erleichtert
- ☐ zufrieden ☐ gekränkt ☐ ärgerlich ☐ liebevoll ☐ selbstbewusst

Dieser Tag war einmalig, weil ich das gelernt habe:

_____

_____

_____

Heute bin ich dankbar für

_____

_____

_____

Davon hätte ich gerne mehr in meinem Leben:

_____

_____

_____

Das hätte ich heute noch besser oder anders machen können:

_____

_____

_____

_____

DATUM: _____

Guten Morgen

Ich bin dankbar für:

_____

_____

_____

Was diesen Tag wunderbar machen wird:

_____

_____

_____

Meine Selbstbekräftigung & Tageslosung. Ich bin:

_____

_____

_____

Die wichtigste Aufgabe für heute ist:

_____

_____

Folgendes will ich nicht länger aufschieben:

_____

_____

_____

_____

Mein Abend

Ich fühle mich:

☐ glücklich ☐ nachdenklich ☐ ängstlich ☐ erschöpft ☐ erleichtert
☐ zufrieden ☐ gekränkt ☐ ärgerlich ☐ liebevoll ☐ selbstbewusst

Dieser Tag war einmalig, weil ich das gelernt habe:

_____

_____

_____

Heute bin ich dankbar für

_____

_____

_____

Davon hätte ich gerne mehr in meinem Leben:

_____

_____

_____

Das hätte ich heute noch besser oder anders machen können:

_____

_____

_____

_____

DATUM: _____

Guten Morgen

Ich bin dankbar für:

_____

_____

_____

Was diesen Tag wunderbar machen wird:

_____

_____

_____

Meine Selbstbekräftigung & Tageslosung. Ich bin:

_____

_____

_____

Die wichtigste Aufgabe für heute ist:

_____

_____

Folgendes will ich nicht länger aufschieben:

_____

_____

_____

_____

Mein Abend

Ich fühle mich:

- [ ] glücklich [ ] nachdenklich [ ] ängstlich [ ] erschöpft [ ] erleichtert
- [ ] zufrieden [ ] gekränkt [ ] ärgerlich [ ] liebevoll [ ] selbstbewusst

Dieser Tag war einmalig, weil ich das gelernt habe:

_____

_____

_____

Heute bin ich dankbar für

_____

_____

_____

Davon hätte ich gerne mehr in meinem Leben:

_____

_____

_____

Das hätte ich heute noch besser oder anders machen können:

_____

_____

_____

_____

DATUM: _____

Guten Morgen

TAG 16

Ich bin dankbar für:

_____

_____

_____

Was diesen Tag wunderbar machen wird:

_____

_____

_____

Meine Selbstbekräftigung & Tageslosung. Ich bin:

_____

_____

_____

Die wichtigste Aufgabe für heute ist:

_____

_____

Folgendes will ich nicht länger aufschieben:

_____

_____

_____

_____

Mein Abend

Ich fühle mich:

☐ glücklich ☐ nachdenklich ☐ ängstlich ☐ erschöpft ☐ erleichtert
☐ zufrieden ☐ gekränkt ☐ ärgerlich ☐ liebevoll ☐ selbstbewusst

Dieser Tag war einmalig, weil ich das gelernt habe:

_____

_____

_____

Heute bin ich dankbar für

_____

_____

_____

Davon hätte ich gerne mehr in meinem Leben:

_____

_____

_____

Das hätte ich heute noch besser oder anders machen können:

_____

_____

_____

_____

DATUM: _____

Guten Morgen

Ich bin dankbar für:

_____

_____

_____

Was diesen Tag wunderbar machen wird:

_____

_____

_____

Meine Selbstbekräftigung & Tageslosung. Ich bin:

_____

_____

_____

Die wichtigste Aufgabe für heute ist:

_____

_____

Folgendes will ich nicht länger aufschieben:

_____

_____

_____

_____

Mein Abend

Ich fühle mich:

☐ glücklich ☐ nachdenklich ☐ ängstlich ☐ erschöpft ☐ erleichtert
☐ zufrieden ☐ gekränkt ☐ ärgerlich ☐ liebevoll ☐ selbstbewusst

Dieser Tag war einmalig, weil ich das gelernt habe:

_____

_____

_____

Heute bin ich dankbar für

_____

_____

_____

Davon hätte ich gerne mehr in meinem Leben:

_____

_____

_____

Das hätte ich heute noch besser oder anders machen können:

_____

_____

_____

_____

DATUM: _____

Guten Morgen

Ich bin dankbar für:

_____

_____

_____

Was diesen Tag wunderbar machen wird:

_____

_____

_____

Meine Selbstbekräftigung & Tageslosung. Ich bin:

_____

_____

_____

Die wichtigste Aufgabe für heute ist:

_____

_____

Folgendes will ich nicht länger aufschieben:

_____

_____

_____

_____

Mein Abend

Ich fühle mich:

☐ glücklich ☐ nachdenklich ☐ ängstlich ☐ erschöpft ☐ erleichtert
☐ zufrieden ☐ gekränkt ☐ ärgerlich ☐ liebevoll ☐ selbstbewusst

Dieser Tag war einmalig, weil ich das gelernt habe:

_____

_____

_____

Heute bin ich dankbar für

_____

_____

_____

Davon hätte ich gerne mehr in meinem Leben:

_____

_____

_____

Das hätte ich heute noch besser oder anders machen können:

_____

_____

_____

_____

DATUM: _____

Guten Morgen

Ich bin dankbar für:

_____

_____

_____

Was diesen Tag wunderbar machen wird:

_____

_____

_____

Meine Selbstbekräftigung & Tageslosung. Ich bin:

_____

_____

_____

Die wichtigste Aufgabe für heute ist:

_____

_____

Folgendes will ich nicht länger aufschieben:

_____

_____

_____

_____

Mein Abend

TAG 19

Ich fühle mich:

☐ glücklich ☐ nachdenklich ☐ ängstlich ☐ erschöpft ☐ erleichtert
☐ zufrieden ☐ gekränkt ☐ ärgerlich ☐ liebevoll ☐ selbstbewusst

Dieser Tag war einmalig, weil ich das gelernt habe:

_____

_____

_____

Heute bin ich dankbar für

_____

_____

_____

Davon hätte ich gerne mehr in meinem Leben:

_____

_____

_____

Das hätte ich heute noch besser oder anders machen können:

_____

_____

_____

DATUM: _____

Guten Morgen

Ich bin dankbar für:

_____

_____

_____

Was diesen Tag wunderbar machen wird:

_____

_____

_____

Meine Selbstbekräftigung & Tageslosung. Ich bin:

_____

_____

_____

Die wichtigste Aufgabe für heute ist:

_____

_____

Folgendes will ich nicht länger aufschieben:

_____

_____

_____

_____

Mein Abend

TAG 20

Ich fühle mich:

☐ glücklich ☐ nachdenklich ☐ ängstlich ☐ erschöpft ☐ erleichtert
☐ zufrieden ☐ gekränkt ☐ ärgerlich ☐ liebevoll ☐ selbstbewusst

Dieser Tag war einmalig, weil ich das gelernt habe:

_____

_____

_____

Heute bin ich dankbar für

_____

_____

_____

Davon hätte ich gerne mehr in meinem Leben:

_____

_____

_____

Das hätte ich heute noch besser oder anders machen können:

_____

_____

_____

DATUM: _____

Guten Morgen

Ich bin dankbar für:

_____

_____

_____

Was diesen Tag wunderbar machen wird:

_____

_____

_____

Meine Selbstbekräftigung & Tageslosung. Ich bin:

_____

_____

_____

Die wichtigste Aufgabe für heute ist:

_____

_____

Folgendes will ich nicht länger aufschieben:

_____

_____

_____

_____

Mein Abend

TAG 21

Ich fühle mich:

☐ glücklich ☐ nachdenklich ☐ ängstlich ☐ erschöpft ☐ erleichtert
☐ zufrieden ☐ gekränkt ☐ ärgerlich ☐ liebevoll ☐ selbstbewusst

Dieser Tag war einmalig, weil ich das gelernt habe:

_____

_____

_____

Heute bin ich dankbar für

_____

_____

_____

Davon hätte ich gerne mehr in meinem Leben:

_____

_____

_____

Das hätte ich heute noch besser oder anders machen können:

_____

_____

_____

_____

Guten Morgen

Ich bin dankbar für:

_____

_____

_____

Was diesen Tag wunderbar machen wird:

_____

_____

_____

Meine Selbstbekräftigung & Tageslosung. Ich bin:

_____

_____

_____

Die wichtigste Aufgabe für heute ist:

_____

_____

Folgendes will ich nicht länger aufschieben:

_____

_____

_____

_____

Mein Abend

Ich fühle mich:

☐ glücklich ☐ nachdenklich ☐ ängstlich ☐ erschöpft ☐ erleichtert
☐ zufrieden ☐ gekränkt ☐ ärgerlich ☐ liebevoll ☐ selbstbewusst

Dieser Tag war einmalig, weil ich das gelernt habe:

_____

_____

_____

Heute bin ich dankbar für

_____

_____

_____

Davon hätte ich gerne mehr in meinem Leben:

_____

_____

_____

Das hätte ich heute noch besser oder anders machen können:

_____

_____

_____

_____

DATUM: _____

Guten Morgen

Ich bin dankbar für:

_____

_____

_____

Was diesen Tag wunderbar machen wird:

_____

_____

_____

Meine Selbstbekräftigung & Tageslosung. Ich bin:

_____

_____

_____

Die wichtigste Aufgabe für heute ist:

_____

_____

Folgendes will ich nicht länger aufschieben:

_____

_____

_____

_____

Mein Abend

TAG 23

Ich fühle mich:

☐ glücklich ☐ nachdenklich ☐ ängstlich ☐ erschöpft ☐ erleichtert
☐ zufrieden ☐ gekränkt ☐ ärgerlich ☐ liebevoll ☐ selbstbewusst

Dieser Tag war einmalig, weil ich das gelernt habe:

_____
_____
_____

Heute bin ich dankbar für

_____
_____
_____

Davon hätte ich gerne mehr in meinem Leben:

_____
_____
_____

Das hätte ich heute noch besser oder anders machen können:

_____
_____
_____
_____

DATUM: _____

Guten Morgen

Ich bin dankbar für:

_____

_____

_____

Was diesen Tag wunderbar machen wird:

_____

_____

_____

Meine Selbstbekräftigung & Tageslosung. Ich bin:

_____

_____

_____

Die wichtigste Aufgabe für heute ist:

_____

_____

Folgendes will ich nicht länger aufschieben:

_____

_____

_____

_____

Mein Abend

TAG 24

Ich fühle mich:

- [ ] glücklich [ ] nachdenklich [ ] ängstlich [ ] erschöpft [ ] erleichtert
- [ ] zufrieden [ ] gekränkt [ ] ärgerlich [ ] liebevoll [ ] selbstbewusst

Dieser Tag war einmalig, weil ich das gelernt habe:

_____

_____

_____

Heute bin ich dankbar für

_____

_____

_____

Davon hätte ich gerne mehr in meinem Leben:

_____

_____

_____

Das hätte ich heute noch besser oder anders machen können:

_____

_____

_____

_____

DATUM: _____

Guten Morgen

Ich bin dankbar für:

_____

_____

_____

Was diesen Tag wunderbar machen wird:

_____

_____

_____

Meine Selbstbekräftigung & Tageslosung. Ich bin:

_____

_____

_____

Die wichtigste Aufgabe für heute ist:

_____

_____

Folgendes will ich nicht länger aufschieben:

_____

_____

_____

_____

Mein Abend

**TAG
25**

Ich fühle mich:

- ☐ glücklich ☐ nachdenklich ☐ ängstlich ☐ erschöpft ☐ erleichtert
- ☐ zufrieden ☐ gekränkt ☐ ärgerlich ☐ liebevoll ☐ selbstbewusst

Dieser Tag war einmalig, weil ich das gelernt habe:

_____

_____

_____

Heute bin ich dankbar für

_____

_____

_____

Davon hätte ich gerne mehr in meinem Leben:

_____

_____

_____

Das hätte ich heute noch besser oder anders machen können:

_____

_____

_____

_____

DATUM: _____

Guten Morgen

Ich bin dankbar für:

_____

_____

_____

Was diesen Tag wunderbar machen wird:

_____

_____

_____

Meine Selbstbekräftigung & Tageslosung. Ich bin:

_____

_____

_____

Die wichtigste Aufgabe für heute ist:

_____

_____

Folgendes will ich nicht länger aufschieben:

_____

_____

_____

_____

Mein Abend

TAG 26

Ich fühle mich:

☐ glücklich ☐ nachdenklich ☐ ängstlich ☐ erschöpft ☐ erleichtert
☐ zufrieden ☐ gekränkt ☐ ärgerlich ☐ liebevoll ☐ selbstbewusst

Dieser Tag war einmalig, weil ich das gelernt habe:

_____

_____

_____

Heute bin ich dankbar für

_____

_____

_____

Davon hätte ich gerne mehr in meinem Leben:

_____

_____

_____

Das hätte ich heute noch besser oder anders machen können:

_____

_____

_____

DATUM: _____

Guten Morgen

Ich bin dankbar für:

_____

_____

_____

Was diesen Tag wunderbar machen wird:

_____

_____

_____

Meine Selbstbekräftigung & Tageslosung. Ich bin:

_____

_____

_____

Die wichtigste Aufgabe für heute ist:

_____

_____

Folgendes will ich nicht länger aufschieben:

_____

_____

_____

_____

Mein Abend

TAG 27

Ich fühle mich:

☐ glücklich ☐ nachdenklich ☐ ängstlich ☐ erschöpft ☐ erleichtert
☐ zufrieden ☐ gekränkt ☐ ärgerlich ☐ liebevoll ☐ selbstbewusst

Dieser Tag war einmalig, weil ich das gelernt habe:

_____

_____

_____

Heute bin ich dankbar für

_____

_____

_____

Davon hätte ich gerne mehr in meinem Leben:

_____

_____

_____

Das hätte ich heute noch besser oder anders machen können:

_____

_____

_____

_____

DATUM: _____

Guten Morgen

TAG 28

Ich bin dankbar für:

_____

_____

_____

Was diesen Tag wunderbar machen wird:

_____

_____

_____

Meine Selbstbekräftigung & Tageslosung. Ich bin:

_____

_____

_____

Die wichtigste Aufgabe für heute ist:

_____

_____

Folgendes will ich nicht länger aufschieben:

_____

_____

_____

_____

Mein Abend

TAG 28

Ich fühle mich:

☐ glücklich ☐ nachdenklich ☐ ängstlich ☐ erschöpft ☐ erleichtert
☐ zufrieden ☐ gekränkt ☐ ärgerlich ☐ liebevoll ☐ selbstbewusst

Dieser Tag war einmalig, weil ich das gelernt habe:

_____

_____

_____

Heute bin ich dankbar für

_____

_____

_____

Davon hätte ich gerne mehr in meinem Leben:

_____

_____

_____

Das hätte ich heute noch besser oder anders machen können:

_____

_____

_____

_____

DATUM: _____

Guten Morgen

Ich bin dankbar für:

_____

_____

_____

Was diesen Tag wunderbar machen wird:

_____

_____

_____

Meine Selbstbekräftigung & Tageslosung. Ich bin:

_____

_____

_____

Die wichtigste Aufgabe für heute ist:

_____

_____

Folgendes will ich nicht länger aufschieben:

_____

_____

_____

_____

Mein Abend

Ich fühle mich:

☐ glücklich ☐ nachdenklich ☐ ängstlich ☐ erschöpft ☐ erleichtert
☐ zufrieden ☐ gekränkt ☐ ärgerlich ☐ liebevoll ☐ selbstbewusst

Dieser Tag war einmalig, weil ich das gelernt habe:

_____

_____

_____

Heute bin ich dankbar für

_____

_____

_____

Davon hätte ich gerne mehr in meinem Leben:

_____

_____

_____

Das hätte ich heute noch besser oder anders machen können:

_____

_____

_____

_____

DATUM: _____

Guten Morgen

Ich bin dankbar für:

_____

_____

_____

Was diesen Tag wunderbar machen wird:

_____

_____

_____

Meine Selbstbekräftigung & Tageslosung. Ich bin:

_____

_____

_____

Die wichtigste Aufgabe für heute ist:

_____

_____

Folgendes will ich nicht länger aufschieben:

_____

_____

_____

_____

Mein Abend

Ich fühle mich:

☐ glücklich ☐ nachdenklich ☐ ängstlich ☐ erschöpft ☐ erleichtert
☐ zufrieden ☐ gekränkt ☐ ärgerlich ☐ liebevoll ☐ selbstbewusst

Dieser Tag war einmalig, weil ich das gelernt habe:

_____

_____

_____

Heute bin ich dankbar für

_____

_____

_____

Davon hätte ich gerne mehr in meinem Leben:

_____

_____

_____

Das hätte ich heute noch besser oder anders machen können:

_____

_____

_____

_____

DATUM: _____

Guten Morgen

Ich bin dankbar für:

_____

_____

_____

Was diesen Tag wunderbar machen wird:

_____

_____

_____

Meine Selbstbekräftigung & Tageslosung. Ich bin:

_____

_____

_____

Die wichtigste Aufgabe für heute ist:

_____

_____

Folgendes will ich nicht länger aufschieben:

_____

_____

_____

_____

Mein Abend

Ich fühle mich:

☐ glücklich ☐ nachdenklich ☐ ängstlich ☐ erschöpft ☐ erleichtert
☐ zufrieden ☐ gekränkt ☐ ärgerlich ☐ liebevoll ☐ selbstbewusst

Dieser Tag war einmalig, weil ich das gelernt habe:

_____

_____

_____

Heute bin ich dankbar für

_____

_____

_____

Davon hätte ich gerne mehr in meinem Leben:

_____

_____

_____

Das hätte ich heute noch besser oder anders machen können:

_____

_____

_____

_____

DATUM: _____

Guten Morgen

Ich bin dankbar für:

_____

_____

_____

Was diesen Tag wunderbar machen wird:

_____

_____

_____

Meine Selbstbekräftigung & Tageslosung. Ich bin:

_____

_____

_____

Die wichtigste Aufgabe für heute ist:

_____

_____

Folgendes will ich nicht länger aufschieben:

_____

_____

_____

_____

Mein Abend

Ich fühle mich:

- [ ] glücklich
- [ ] zufrieden
- [ ] nachdenklich
- [ ] gekränkt
- [ ] ängstlich
- [ ] ärgerlich
- [ ] erschöpft
- [ ] liebevoll
- [ ] erleichtert
- [ ] selbstbewusst

Dieser Tag war einmalig, weil ich das gelernt habe:

_____

_____

_____

Heute bin ich dankbar für

_____

_____

_____

Davon hätte ich gerne mehr in meinem Leben:

_____

_____

_____

Das hätte ich heute noch besser oder anders machen können:

_____

_____

_____

_____

DATUM: _____

Guten Morgen

Ich bin dankbar für:

_____

_____

_____

Was diesen Tag wunderbar machen wird:

_____

_____

_____

Meine Selbstbekräftigung & Tageslosung. Ich bin:

_____

_____

_____

Die wichtigste Aufgabe für heute ist:

_____

_____

Folgendes will ich nicht länger aufschieben:

_____

_____

_____

_____

Mein Abend

Ich fühle mich:

☐ glücklich ☐ nachdenklich ☐ ängstlich ☐ erschöpft ☐ erleichtert
☐ zufrieden ☐ gekränkt ☐ ärgerlich ☐ liebevoll ☐ selbstbewusst

Dieser Tag war einmalig, weil ich das gelernt habe:

_____

_____

_____

Heute bin ich dankbar für

_____

_____

_____

Davon hätte ich gerne mehr in meinem Leben:

_____

_____

_____

Das hätte ich heute noch besser oder anders machen können:

_____

_____

_____

DATUM: _____

Guten Morgen

Ich bin dankbar für:

_____

_____

_____

Was diesen Tag wunderbar machen wird:

_____

_____

_____

Meine Selbstbekräftigung & Tageslosung. Ich bin:

_____

_____

_____

Die wichtigste Aufgabe für heute ist:

_____

_____

Folgendes will ich nicht länger aufschieben:

_____

_____

_____

_____

Mein Abend

Ich fühle mich:

☐ glücklich ☐ nachdenklich ☐ ängstlich ☐ erschöpft ☐ erleichtert
☐ zufrieden ☐ gekränkt ☐ ärgerlich ☐ liebevoll ☐ selbstbewusst

Dieser Tag war einmalig, weil ich das gelernt habe:

_____

_____

_____

Heute bin ich dankbar für

_____

_____

_____

Davon hätte ich gerne mehr in meinem Leben:

_____

_____

_____

Das hätte ich heute noch besser oder anders machen können:

_____

_____

_____

_____

DATUM: _____

Guten Morgen

Ich bin dankbar für:

_____

_____

_____

Was diesen Tag wunderbar machen wird:

_____

_____

_____

Meine Selbstbekräftigung & Tageslosung. Ich bin:

_____

_____

_____

Die wichtigste Aufgabe für heute ist:

_____

_____

Folgendes will ich nicht länger aufschieben:

_____

_____

_____

_____

Mein Abend

Ich fühle mich:

☐ glücklich ☐ nachdenklich ☐ ängstlich ☐ erschöpft ☐ erleichtert
☐ zufrieden ☐ gekränkt ☐ ärgerlich ☐ liebevoll ☐ selbstbewusst

Dieser Tag war einmalig, weil ich das gelernt habe:

_____

_____

_____

Heute bin ich dankbar für

_____

_____

_____

Davon hätte ich gerne mehr in meinem Leben:

_____

_____

_____

Das hätte ich heute noch besser oder anders machen können:

_____

_____

_____

DATUM: _____

Guten Morgen

Ich bin dankbar für:

_____

_____

_____

Was diesen Tag wunderbar machen wird:

_____

_____

_____

Meine Selbstbekräftigung & Tageslosung. Ich bin:

_____

_____

_____

Die wichtigste Aufgabe für heute ist:

_____

_____

Folgendes will ich nicht länger aufschieben:

_____

_____

_____

_____

Mein Abend

Ich fühle mich:

☐ glücklich ☐ nachdenklich ☐ ängstlich ☐ erschöpft ☐ erleichtert
☐ zufrieden ☐ gekränkt ☐ ärgerlich ☐ liebevoll ☐ selbstbewusst

Dieser Tag war einmalig, weil ich das gelernt habe:

_____

_____

_____

Heute bin ich dankbar für

_____

_____

_____

Davon hätte ich gerne mehr in meinem Leben:

_____

_____

_____

Das hätte ich heute noch besser oder anders machen können:

_____

_____

_____

_____

DATUM: _____

Guten Morgen

Ich bin dankbar für:

_____

_____

_____

Was diesen Tag wunderbar machen wird:

_____

_____

_____

Meine Selbstbekräftigung & Tageslosung. Ich bin:

_____

_____

_____

Die wichtigste Aufgabe für heute ist:

_____

_____

Folgendes will ich nicht länger aufschieben:

_____

_____

_____

_____

Mein Abend

TAG 37

Ich fühle mich:

☐ glücklich ☐ nachdenklich ☐ ängstlich ☐ erschöpft ☐ erleichtert
☐ zufrieden ☐ gekränkt ☐ ärgerlich ☐ liebevoll ☐ selbstbewusst

Dieser Tag war einmalig, weil ich das gelernt habe:

_____

_____

_____

Heute bin ich dankbar für

_____

_____

_____

Davon hätte ich gerne mehr in meinem Leben:

_____

_____

_____

Das hätte ich heute noch besser oder anders machen können:

_____

_____

_____

_____

DATUM: _____

Guten Morgen

Ich bin dankbar für:

_____

_____

_____

Was diesen Tag wunderbar machen wird:

_____

_____

_____

Meine Selbstbekräftigung & Tageslosung. Ich bin:

_____

_____

_____

Die wichtigste Aufgabe für heute ist:

_____

_____

Folgendes will ich nicht länger aufschieben:

_____

_____

_____

_____

Mein Abend

Ich fühle mich:

☐ glücklich ☐ nachdenklich ☐ ängstlich ☐ erschöpft ☐ erleichtert
☐ zufrieden ☐ gekränkt ☐ ärgerlich ☐ liebevoll ☐ selbstbewusst

Dieser Tag war einmalig, weil ich das gelernt habe:

_____

_____

_____

Heute bin ich dankbar für

_____

_____

_____

Davon hätte ich gerne mehr in meinem Leben:

_____

_____

_____

Das hätte ich heute noch besser oder anders machen können:

_____

_____

_____

_____

DATUM: _____

Guten Morgen

Ich bin dankbar für:

_____

_____

_____

Was diesen Tag wunderbar machen wird:

_____

_____

_____

Meine Selbstbekräftigung & Tageslosung. Ich bin:

_____

_____

_____

Die wichtigste Aufgabe für heute ist:

_____

_____

Folgendes will ich nicht länger aufschieben:

_____

_____

_____

_____

Mein Abend

Ich fühle mich:

☐ glücklich ☐ nachdenklich ☐ ängstlich ☐ erschöpft ☐ erleichtert
☐ zufrieden ☐ gekränkt ☐ ärgerlich ☐ liebevoll ☐ selbstbewusst

Dieser Tag war einmalig, weil ich das gelernt habe:

_____

_____

_____

Heute bin ich dankbar für

_____

_____

_____

Davon hätte ich gerne mehr in meinem Leben:

_____

_____

_____

Das hätte ich heute noch besser oder anders machen können:

_____

_____

_____

_____

DATUM: _____

Guten Morgen

Ich bin dankbar für:

_____

_____

_____

Was diesen Tag wunderbar machen wird:

_____

_____

_____

Meine Selbstbekräftigung & Tageslosung. Ich bin:

_____

_____

_____

Die wichtigste Aufgabe für heute ist:

_____

_____

Folgendes will ich nicht länger aufschieben:

_____

_____

_____

_____

Mein Abend

TAG 40

Ich fühle mich:

- [ ] glücklich
- [ ] zufrieden
- [ ] nachdenklich
- [ ] gekränkt
- [ ] ängstlich
- [ ] ärgerlich
- [ ] erschöpft
- [ ] liebevoll
- [ ] erleichtert
- [ ] selbstbewusst

Dieser Tag war einmalig, weil ich das gelernt habe:

_____

_____

_____

Heute bin ich dankbar für

_____

_____

_____

Davon hätte ich gerne mehr in meinem Leben:

_____

_____

_____

Das hätte ich heute noch besser oder anders machen können:

_____

_____

_____

_____

DATUM: _____

Guten Morgen

Ich bin dankbar für:

_____

_____

_____

Was diesen Tag wunderbar machen wird:

_____

_____

_____

Meine Selbstbekräftigung & Tageslosung. Ich bin:

_____

_____

_____

Die wichtigste Aufgabe für heute ist:

_____

_____

Folgendes will ich nicht länger aufschieben:

_____

_____

_____

_____

Mein Abend

TAG 41

Ich fühle mich:

☐ glücklich ☐ nachdenklich ☐ ängstlich ☐ erschöpft ☐ erleichtert
☐ zufrieden ☐ gekränkt ☐ ärgerlich ☐ liebevoll ☐ selbstbewusst

Dieser Tag war einmalig, weil ich das gelernt habe:

_____

_____

_____

Heute bin ich dankbar für

_____

_____

_____

Davon hätte ich gerne mehr in meinem Leben:

_____

_____

_____

Das hätte ich heute noch besser oder anders machen können:

_____

_____

_____

_____

DATUM: _____

Guten Morgen

Ich bin dankbar für:

_____

_____

_____

Was diesen Tag wunderbar machen wird:

_____

_____

_____

Meine Selbstbekräftigung & Tageslosung. Ich bin:

_____

_____

_____

Die wichtigste Aufgabe für heute ist:

_____

_____

Folgendes will ich nicht länger aufschieben:

_____

_____

_____

Mein Abend

Ich fühle mich:

☐ glücklich ☐ nachdenklich ☐ ängstlich ☐ erschöpft ☐ erleichtert
☐ zufrieden ☐ gekränkt ☐ ärgerlich ☐ liebevoll ☐ selbstbewusst

Dieser Tag war einmalig, weil ich das gelernt habe:

_____

_____

_____

Heute bin ich dankbar für

_____

_____

_____

Davon hätte ich gerne mehr in meinem Leben:

_____

_____

Das hätte ich heute noch besser oder anders machen können:

_____

_____

_____

_____

DATUM: _____

Guten Morgen

TAG 43

Ich bin dankbar für:

_____

_____

_____

Was diesen Tag wunderbar machen wird:

_____

_____

_____

Meine Selbstbekräftigung & Tageslosung. Ich bin:

_____

_____

_____

Die wichtigste Aufgabe für heute ist:

_____

_____

Folgendes will ich nicht länger aufschieben:

_____

_____

_____

_____

Mein Abend

Ich fühle mich:

☐ glücklich ☐ nachdenklich ☐ ängstlich ☐ erschöpft ☐ erleichtert
☐ zufrieden ☐ gekränkt ☐ ärgerlich ☐ liebevoll ☐ selbstbewusst

Dieser Tag war einmalig, weil ich das gelernt habe:

_____

_____

_____

Heute bin ich dankbar für

_____

_____

_____

Davon hätte ich gerne mehr in meinem Leben:

_____

_____

_____

Das hätte ich heute noch besser oder anders machen können:

_____

_____

_____

_____

DATUM: _____

Guten Morgen

TAG 44

Ich bin dankbar für:

_____

_____

_____

Was diesen Tag wunderbar machen wird:

_____

_____

_____

Meine Selbstbekräftigung & Tageslosung. Ich bin:

_____

_____

_____

Die wichtigste Aufgabe für heute ist:

_____

_____

Folgendes will ich nicht länger aufschieben:

_____

_____

_____

_____

Mein Abend

Ich fühle mich:

☐ glücklich ☐ nachdenklich ☐ ängstlich ☐ erschöpft ☐ erleichtert
☐ zufrieden ☐ gekränkt ☐ ärgerlich ☐ liebevoll ☐ selbstbewusst

Dieser Tag war einmalig, weil ich das gelernt habe:

_____

_____

_____

Heute bin ich dankbar für

_____

_____

_____

Davon hätte ich gerne mehr in meinem Leben:

_____

_____

_____

Das hätte ich heute noch besser oder anders machen können:

_____

_____

_____

Guten Morgen

Ich bin dankbar für:

_____

_____

_____

Was diesen Tag wunderbar machen wird:

_____

_____

_____

Meine Selbstbekräftigung & Tageslosung. Ich bin:

_____

_____

_____

Die wichtigste Aufgabe für heute ist:

_____

_____

Folgendes will ich nicht länger aufschieben:

_____

_____

_____

_____

Mein Abend

Ich fühle mich:

☐ glücklich ☐ nachdenklich ☐ ängstlich ☐ erschöpft ☐ erleichtert
☐ zufrieden ☐ gekränkt ☐ ärgerlich ☐ liebevoll ☐ selbstbewusst

Dieser Tag war einmalig, weil ich das gelernt habe:

_____

_____

_____

Heute bin ich dankbar für

_____

_____

_____

Davon hätte ich gerne mehr in meinem Leben:

_____

_____

_____

Das hätte ich heute noch besser oder anders machen können:

_____

_____

_____

_____

DATUM: _____

Guten Morgen

Ich bin dankbar für:

_____

_____

_____

Was diesen Tag wunderbar machen wird:

_____

_____

_____

Meine Selbstbekräftigung & Tageslosung. Ich bin:

_____

_____

_____

Die wichtigste Aufgabe für heute ist:

_____

_____

Folgendes will ich nicht länger aufschieben:

_____

_____

_____

_____

Mein Abend

**TAG
46**

Ich fühle mich:

☐ glücklich ☐ nachdenklich ☐ ängstlich ☐ erschöpft ☐ erleichtert
☐ zufrieden ☐ gekränkt ☐ ärgerlich ☐ liebevoll ☐ selbstbewusst

Dieser Tag war einmalig, weil ich das gelernt habe:

_____

_____

_____

Heute bin ich dankbar für

_____

_____

_____

Davon hätte ich gerne mehr in meinem Leben:

_____

_____

_____

Das hätte ich heute noch besser oder anders machen können:

_____

_____

_____

_____

DATUM: _____

Guten Morgen

Ich bin dankbar für:

_____

_____

_____

Was diesen Tag wunderbar machen wird:

_____

_____

_____

Meine Selbstbekräftigung & Tageslosung. Ich bin:

_____

_____

_____

Die wichtigste Aufgabe für heute ist:

_____

_____

Folgendes will ich nicht länger aufschieben:

_____

_____

_____

_____

Mein Abend

TAG 47

Ich fühle mich:

☐ glücklich ☐ nachdenklich ☐ ängstlich ☐ erschöpft ☐ erleichtert
☐ zufrieden ☐ gekränkt ☐ ärgerlich ☐ liebevoll ☐ selbstbewusst

Dieser Tag war einmalig, weil ich das gelernt habe:

_____

_____

_____

Heute bin ich dankbar für

_____

_____

_____

Davon hätte ich gerne mehr in meinem Leben:

_____

_____

_____

Das hätte ich heute noch besser oder anders machen können:

_____

_____

_____

_____

DATUM: _____

Guten Morgen

Ich bin dankbar für:

_____

_____

_____

Was diesen Tag wunderbar machen wird:

_____

_____

_____

Meine Selbstbekräftigung & Tageslosung. Ich bin:

_____

_____

_____

Die wichtigste Aufgabe für heute ist:

_____

_____

_____

Folgendes will ich nicht länger aufschieben:

_____

_____

_____

_____

Mein Abend

TAG 48

Ich fühle mich:

- [ ] glücklich
- [ ] zufrieden
- [ ] nachdenklich
- [ ] gekränkt
- [ ] ängstlich
- [ ] ärgerlich
- [ ] erschöpft
- [ ] liebevoll
- [ ] erleichtert
- [ ] selbstbewusst

Dieser Tag war einmalig, weil ich das gelernt habe:

_____

_____

_____

Heute bin ich dankbar für

_____

_____

_____

Davon hätte ich gerne mehr in meinem Leben:

_____

_____

_____

Das hätte ich heute noch besser oder anders machen können:

_____

_____

_____

_____

DATUM: _____

Guten Morgen

Ich bin dankbar für:

_____

_____

_____

Was diesen Tag wunderbar machen wird:

_____

_____

_____

Meine Selbstbekräftigung & Tageslosung. Ich bin:

_____

_____

_____

Die wichtigste Aufgabe für heute ist:

_____

_____

Folgendes will ich nicht länger aufschieben:

_____

_____

_____

_____

Mein Abend

Ich fühle mich:

- ☐ glücklich ☐ nachdenklich ☐ ängstlich ☐ erschöpft ☐ erleichtert
- ☐ zufrieden ☐ gekränkt ☐ ärgerlich ☐ liebevoll ☐ selbstbewusst

Dieser Tag war einmalig, weil ich das gelernt habe:

_____

_____

_____

Heute bin ich dankbar für

_____

_____

Davon hätte ich gerne mehr in meinem Leben:

_____

_____

_____

Das hätte ich heute noch besser oder anders machen können:

_____

_____

_____

_____

DATUM: _____

Guten Morgen

Ich bin dankbar für:

_____

_____

_____

Was diesen Tag wunderbar machen wird:

_____

_____

_____

Meine Selbstbekräftigung & Tageslosung. Ich bin:

_____

_____

_____

Die wichtigste Aufgabe für heute ist:

_____

_____

_____

Folgendes will ich nicht länger aufschieben:

_____

_____

_____

_____

Mein Abend

TAG 50

Ich fühle mich:

- ☐ glücklich ☐ nachdenklich ☐ ängstlich ☐ erschöpft ☐ erleichtert
- ☐ zufrieden ☐ gekränkt ☐ ärgerlich ☐ liebevoll ☐ selbstbewusst

Dieser Tag war einmalig, weil ich das gelernt habe:

_____

_____

_____

Heute bin ich dankbar für

_____

_____

_____

Davon hätte ich gerne mehr in meinem Leben:

_____

_____

_____

Das hätte ich heute noch besser oder anders machen können:

_____

_____

_____

DATUM: _____

Guten Morgen

Ich bin dankbar für:

_____

_____

_____

Was diesen Tag wunderbar machen wird:

_____

_____

_____

Meine Selbstbekräftigung & Tageslosung. Ich bin:

_____

_____

_____

Die wichtigste Aufgabe für heute ist:

_____

_____

Folgendes will ich nicht länger aufschieben:

_____

_____

_____

_____

Mein Abend

**TAG
51**

Ich fühle mich:

☐ glücklich ☐ nachdenklich ☐ ängstlich ☐ erschöpft ☐ erleichtert
☐ zufrieden ☐ gekränkt ☐ ärgerlich ☐ liebevoll ☐ selbstbewusst

Dieser Tag war einmalig, weil ich das gelernt habe:

_____

_____

_____

Heute bin ich dankbar für

_____

_____

_____

Davon hätte ich gerne mehr in meinem Leben:

_____

_____

_____

Das hätte ich heute noch besser oder anders machen können:

_____

_____

_____

_____

DATUM: _____

Guten Morgen

Ich bin dankbar für:

_____

_____

_____

Was diesen Tag wunderbar machen wird:

_____

_____

_____

Meine Selbstbekräftigung & Tageslosung. Ich bin:

_____

_____

_____

Die wichtigste Aufgabe für heute ist:

_____

_____

Folgendes will ich nicht länger aufschieben:

_____

_____

_____

_____

Mein Abend

TAG 52

Ich fühle mich:

☐ glücklich ☐ nachdenklich ☐ ängstlich ☐ erschöpft ☐ erleichtert
☐ zufrieden ☐ gekränkt ☐ ärgerlich ☐ liebevoll ☐ selbstbewusst

Dieser Tag war einmalig, weil ich das gelernt habe:

_____

_____

_____

Heute bin ich dankbar für

_____

_____

_____

Davon hätte ich gerne mehr in meinem Leben:

_____

_____

_____

Das hätte ich heute noch besser oder anders machen können:

_____

_____

_____

DATUM: _____

Guten Morgen

Ich bin dankbar für:

_____

_____

_____

Was diesen Tag wunderbar machen wird:

_____

_____

_____

Meine Selbstbekräftigung & Tageslosung. Ich bin:

_____

_____

_____

Die wichtigste Aufgabe für heute ist:

_____

_____

Folgendes will ich nicht länger aufschieben:

_____

_____

_____

_____

Mein Abend

**TAG
53**

Ich fühle mich:

- [ ] glücklich
- [ ] zufrieden
- [ ] nachdenklich
- [ ] gekränkt
- [ ] ängstlich
- [ ] ärgerlich
- [ ] erschöpft
- [ ] liebevoll
- [ ] erleichtert
- [ ] selbstbewusst

Dieser Tag war einmalig, weil ich das gelernt habe:

_____

_____

_____

Heute bin ich dankbar für

_____

_____

_____

Davon hätte ich gerne mehr in meinem Leben:

_____

_____

_____

Das hätte ich heute noch besser oder anders machen können:

_____

_____

_____

_____

DATUM: _____

Guten Morgen

Ich bin dankbar für:

_____

_____

_____

Was diesen Tag wunderbar machen wird:

_____

_____

_____

Meine Selbstbekräftigung & Tageslosung. Ich bin:

_____

_____

_____

Die wichtigste Aufgabe für heute ist:

_____

_____

Folgendes will ich nicht länger aufschieben:

_____

_____

_____

_____

Mein Abend

TAG 54

Ich fühle mich:

- ☐ glücklich ☐ nachdenklich ☐ ängstlich ☐ erschöpft ☐ erleichtert
- ☐ zufrieden ☐ gekränkt ☐ ärgerlich ☐ liebevoll ☐ selbstbewusst

Dieser Tag war einmalig, weil ich das gelernt habe:

_____

_____

_____

Heute bin ich dankbar für

_____

_____

_____

Davon hätte ich gerne mehr in meinem Leben:

_____

_____

_____

Das hätte ich heute noch besser oder anders machen können:

_____

_____

_____

_____

DATUM: _____

Guten Morgen

Ich bin dankbar für:

_____

_____

_____

Was diesen Tag wunderbar machen wird:

_____

_____

_____

Meine Selbstbekräftigung & Tageslosung. Ich bin:

_____

_____

_____

Die wichtigste Aufgabe für heute ist:

_____

_____

Folgendes will ich nicht länger aufschieben:

_____

_____

_____

_____

Mein Abend

Ich fühle mich:

☐ glücklich ☐ nachdenklich ☐ ängstlich ☐ erschöpft ☐ erleichtert
☐ zufrieden ☐ gekränkt ☐ ärgerlich ☐ liebevoll ☐ selbstbewusst

Dieser Tag war einmalig, weil ich das gelernt habe:

_____

_____

_____

Heute bin ich dankbar für

_____

_____

_____

Davon hätte ich gerne mehr in meinem Leben:

_____

_____

_____

Das hätte ich heute noch besser oder anders machen können:

_____

_____

_____

_____

DATUM: _____

Guten Morgen

Ich bin dankbar für:

_____

_____

_____

Was diesen Tag wunderbar machen wird:

_____

_____

_____

Meine Selbstbekräftigung & Tageslosung. Ich bin:

_____

_____

_____

Die wichtigste Aufgabe für heute ist:

_____

_____

Folgendes will ich nicht länger aufschieben:

_____

_____

_____

_____

Mein Abend

TAG 56

Ich fühle mich:

☐ glücklich ☐ nachdenklich ☐ ängstlich ☐ erschöpft ☐ erleichtert
☐ zufrieden ☐ gekränkt ☐ ärgerlich ☐ liebevoll ☐ selbstbewusst

Dieser Tag war einmalig, weil ich das gelernt habe:

_____

_____

_____

Heute bin ich dankbar für

_____

_____

_____

Davon hätte ich gerne mehr in meinem Leben:

_____

_____

_____

Das hätte ich heute noch besser oder anders machen können:

_____

_____

_____

_____

DATUM: _____

Guten Morgen

Ich bin dankbar für:

_____

_____

_____

Was diesen Tag wunderbar machen wird:

_____

_____

_____

Meine Selbstbekräftigung & Tageslosung. Ich bin:

_____

_____

_____

Die wichtigste Aufgabe für heute ist:

_____

_____

Folgendes will ich nicht länger aufschieben:

_____

_____

_____

_____

Mein Abend

TAG 57

Ich fühle mich:

☐ glücklich ☐ nachdenklich ☐ ängstlich ☐ erschöpft ☐ erleichtert
☐ zufrieden ☐ gekränkt ☐ ärgerlich ☐ liebevoll ☐ selbstbewusst

Dieser Tag war einmalig, weil ich das gelernt habe:

_____

_____

_____

Heute bin ich dankbar für

_____

_____

_____

Davon hätte ich gerne mehr in meinem Leben:

_____

_____

_____

Das hätte ich heute noch besser oder anders machen können:

_____

_____

_____

_____

DATUM: _____

Guten Morgen

TAG 58

Ich bin dankbar für:

_____
_____
_____

Was diesen Tag wunderbar machen wird:

_____
_____
_____

Meine Selbstbekräftigung & Tageslosung. Ich bin:

_____
_____
_____

Die wichtigste Aufgabe für heute ist:

_____
_____

Folgendes will ich nicht länger aufschieben:

_____
_____
_____
_____

Mein Abend

Ich fühle mich:

☐ glücklich ☐ nachdenklich ☐ ängstlich ☐ erschöpft ☐ erleichtert
☐ zufrieden ☐ gekränkt ☐ ärgerlich ☐ liebevoll ☐ selbstbewusst

Dieser Tag war einmalig, weil ich das gelernt habe:

_____

_____

_____

Heute bin ich dankbar für

_____

_____

_____

Davon hätte ich gerne mehr in meinem Leben:

_____

_____

_____

Das hätte ich heute noch besser oder anders machen können:

_____

_____

_____

_____

DATUM: _____

Guten Morgen

Ich bin dankbar für:

_____

_____

_____

Was diesen Tag wunderbar machen wird:

_____

_____

_____

Meine Selbstbekräftigung & Tageslosung. Ich bin:

_____

_____

_____

Die wichtigste Aufgabe für heute ist:

_____

_____

Folgendes will ich nicht länger aufschieben:

_____

_____

_____

_____

Mein Abend

TAG 59

Ich fühle mich:

☐ glücklich ☐ nachdenklich ☐ ängstlich ☐ erschöpft ☐ erleichtert
☐ zufrieden ☐ gekränkt ☐ ärgerlich ☐ liebevoll ☐ selbstbewusst

Dieser Tag war einmalig, weil ich das gelernt habe:

_____

_____

_____

Heute bin ich dankbar für

_____

_____

_____

Davon hätte ich gerne mehr in meinem Leben:

_____

_____

_____

Das hätte ich heute noch besser oder anders machen können:

_____

_____

_____

_____

DATUM: _____

Guten Morgen

Ich bin dankbar für:

_____
_____
_____

Was diesen Tag wunderbar machen wird:

_____
_____
_____

Meine Selbstbekräftigung & Tageslosung. Ich bin:

_____
_____
_____

Die wichtigste Aufgabe für heute ist:

_____
_____

Folgendes will ich nicht länger aufschieben:

_____
_____
_____
_____

Mein Abend

Ich fühle mich:

- [ ] glücklich
- [ ] zufrieden
- [ ] nachdenklich
- [ ] gekränkt
- [ ] ängstlich
- [ ] ärgerlich
- [ ] erschöpft
- [ ] liebevoll
- [ ] erleichtert
- [ ] selbstbewusst

Dieser Tag war einmalig, weil ich das gelernt habe:

_____

_____

_____

Heute bin ich dankbar für

_____

_____

_____

Davon hätte ich gerne mehr in meinem Leben:

_____

_____

_____

Das hätte ich heute noch besser oder anders machen können:

_____

_____

_____

_____

DATUM: _____

Guten Morgen

Ich bin dankbar für:

_____

_____

_____

Was diesen Tag wunderbar machen wird:

_____

_____

_____

Meine Selbstbekräftigung & Tageslosung. Ich bin:

_____

_____

_____

Die wichtigste Aufgabe für heute ist:

_____

_____

Folgendes will ich nicht länger aufschieben:

_____

_____

_____

_____

Mein Abend

Ich fühle mich:

☐ glücklich ☐ nachdenklich ☐ ängstlich ☐ erschöpft ☐ erleichtert
☐ zufrieden ☐ gekränkt ☐ ärgerlich ☐ liebevoll ☐ selbstbewusst

Dieser Tag war einmalig, weil ich das gelernt habe:

_____

_____

_____

Heute bin ich dankbar für

_____

_____

_____

Davon hätte ich gerne mehr in meinem Leben:

_____

_____

_____

Das hätte ich heute noch besser oder anders machen können:

_____

_____

_____

_____

DATUM: _____

Guten Morgen

Ich bin dankbar für:

_____

_____

_____

Was diesen Tag wunderbar machen wird:

_____

_____

_____

Meine Selbstbekräftigung & Tageslosung. Ich bin:

_____

_____

_____

Die wichtigste Aufgabe für heute ist:

_____

_____

Folgendes will ich nicht länger aufschieben:

_____

_____

_____

_____

_____

Mein Abend

TAG 62

Ich fühle mich:

☐ glücklich ☐ nachdenklich ☐ ängstlich ☐ erschöpft ☐ erleichtert
☐ zufrieden ☐ gekränkt ☐ ärgerlich ☐ liebevoll ☐ selbstbewusst

Dieser Tag war einmalig, weil ich das gelernt habe:

_____

_____

_____

Heute bin ich dankbar für

_____

_____

_____

Davon hätte ich gerne mehr in meinem Leben:

_____

_____

_____

Das hätte ich heute noch besser oder anders machen können:

_____

_____

_____

DATUM: _____

Guten Morgen

Ich bin dankbar für:

_____

_____

_____

Was diesen Tag wunderbar machen wird:

_____

_____

_____

Meine Selbstbekräftigung & Tageslosung. Ich bin:

_____

_____

_____

Die wichtigste Aufgabe für heute ist:

_____

_____

Folgendes will ich nicht länger aufschieben:

_____

_____

_____

_____

Mein Abend

Ich fühle mich:

☐ glücklich ☐ nachdenklich ☐ ängstlich ☐ erschöpft ☐ erleichtert
☐ zufrieden ☐ gekränkt ☐ ärgerlich ☐ liebevoll ☐ selbstbewusst

Dieser Tag war einmalig, weil ich das gelernt habe:

_____

_____

_____

Heute bin ich dankbar für

_____

_____

_____

Davon hätte ich gerne mehr in meinem Leben:

_____

_____

_____

Das hätte ich heute noch besser oder anders machen können:

_____

_____

_____

Guten Morgen

Ich bin dankbar für:

_____

_____

_____

Was diesen Tag wunderbar machen wird:

_____

_____

_____

Meine Selbstbekräftigung & Tageslosung. Ich bin:

_____

_____

_____

Die wichtigste Aufgabe für heute ist:

_____

_____

Folgendes will ich nicht länger aufschieben:

_____

_____

_____

_____

Mein Abend

TAG 64

Ich fühle mich:

☐ glücklich ☐ nachdenklich ☐ ängstlich ☐ erschöpft ☐ erleichtert
☐ zufrieden ☐ gekränkt ☐ ärgerlich ☐ liebevoll ☐ selbstbewusst

Dieser Tag war einmalig, weil ich das gelernt habe:

_____
_____
_____

Heute bin ich dankbar für

_____
_____
_____

Davon hätte ich gerne mehr in meinem Leben:

_____
_____
_____

Das hätte ich heute noch besser oder anders machen können:

_____
_____
_____
_____

DATUM: _____

Guten Morgen

Ich bin dankbar für:

_____

_____

_____

Was diesen Tag wunderbar machen wird:

_____

_____

_____

Meine Selbstbekräftigung & Tageslosung. Ich bin:

_____

_____

_____

Die wichtigste Aufgabe für heute ist:

_____

_____

Folgendes will ich nicht länger aufschieben:

_____

_____

_____

_____

Mein Abend

Ich fühle mich:

☐ glücklich ☐ nachdenklich ☐ ängstlich ☐ erschöpft ☐ erleichtert
☐ zufrieden ☐ gekränkt ☐ ärgerlich ☐ liebevoll ☐ selbstbewusst

Dieser Tag war einmalig, weil ich das gelernt habe:

_____

_____

_____

Heute bin ich dankbar für

_____

_____

_____

Davon hätte ich gerne mehr in meinem Leben:

_____

_____

_____

Das hätte ich heute noch besser oder anders machen können:

_____

_____

_____

_____

DATUM: _____

Guten Morgen

Ich bin dankbar für:

_____

_____

_____

Was diesen Tag wunderbar machen wird:

_____

_____

_____

Meine Selbstbekräftigung & Tageslosung. Ich bin:

_____

_____

_____

Die wichtigste Aufgabe für heute ist:

_____

_____

Folgendes will ich nicht länger aufschieben:

_____

_____

_____

_____

Mein Abend

TAG 66

Ich fühle mich:

- ☐ glücklich
- ☐ zufrieden
- ☐ nachdenklich
- ☐ gekränkt
- ☐ ängstlich
- ☐ ärgerlich
- ☐ erschöpft
- ☐ liebevoll
- ☐ erleichtert
- ☐ selbstbewusst

Dieser Tag war einmalig, weil ich das gelernt habe:

_____

_____

_____

Heute bin ich dankbar für

_____

_____

_____

Davon hätte ich gerne mehr in meinem Leben:

_____

_____

_____

Das hätte ich heute noch besser oder anders machen können:

_____

_____

_____

_____

DATUM: _____

Guten Morgen

Ich bin dankbar für:

_____

_____

_____

Was diesen Tag wunderbar machen wird:

_____

_____

_____

Meine Selbstbekräftigung & Tageslosung. Ich bin:

_____

_____

_____

Die wichtigste Aufgabe für heute ist:

_____

_____

Folgendes will ich nicht länger aufschieben:

_____

_____

_____

_____

Mein Abend

Ich fühle mich:

☐ glücklich ☐ nachdenklich ☐ ängstlich ☐ erschöpft ☐ erleichtert
☐ zufrieden ☐ gekränkt ☐ ärgerlich ☐ liebevoll ☐ selbstbewusst

Dieser Tag war einmalig, weil ich das gelernt habe:

_____

_____

_____

Heute bin ich dankbar für

_____

_____

_____

Davon hätte ich gerne mehr in meinem Leben:

_____

_____

_____

Das hätte ich heute noch besser oder anders machen können:

_____

_____

_____

_____

DATUM: _____

Guten Morgen

**TAG
68**

Ich bin dankbar für:

_____

_____

_____

Was diesen Tag wunderbar machen wird:

_____

_____

_____

Meine Selbstbekräftigung & Tageslosung. Ich bin:

_____

_____

_____

Die wichtigste Aufgabe für heute ist:

_____

_____

Folgendes will ich nicht länger aufschieben:

_____

_____

_____

_____

Mein Abend

TAG 68

Ich fühle mich:

- [ ] glücklich
- [ ] zufrieden
- [ ] nachdenklich
- [ ] gekränkt
- [ ] ängstlich
- [ ] ärgerlich
- [ ] erschöpft
- [ ] liebevoll
- [ ] erleichtert
- [ ] selbstbewusst

Dieser Tag war einmalig, weil ich das gelernt habe:

_____

_____

_____

Heute bin ich dankbar für

_____

_____

_____

Davon hätte ich gerne mehr in meinem Leben:

_____

_____

_____

Das hätte ich heute noch besser oder anders machen können:

_____

_____

_____

_____

DATUM: _____

Guten Morgen

Ich bin dankbar für:

_____

_____

_____

Was diesen Tag wunderbar machen wird:

_____

_____

_____

Meine Selbstbekräftigung & Tageslosung. Ich bin:

_____

_____

_____

Die wichtigste Aufgabe für heute ist:

_____

_____

Folgendes will ich nicht länger aufschieben:

_____

_____

_____

_____

Mein Abend

Ich fühle mich:

☐ glücklich ☐ nachdenklich ☐ ängstlich ☐ erschöpft ☐ erleichtert
☐ zufrieden ☐ gekränkt ☐ ärgerlich ☐ liebevoll ☐ selbstbewusst

Dieser Tag war einmalig, weil ich das gelernt habe:

_____

_____

_____

Heute bin ich dankbar für

_____

_____

_____

Davon hätte ich gerne mehr in meinem Leben:

_____

_____

_____

Das hätte ich heute noch besser oder anders machen können:

_____

_____

_____

_____

DATUM: _____

Guten Morgen

Ich bin dankbar für:

_____

_____

_____

Was diesen Tag wunderbar machen wird:

_____

_____

_____

Meine Selbstbekräftigung & Tageslosung. Ich bin:

_____

_____

_____

Die wichtigste Aufgabe für heute ist:

_____

_____

Folgendes will ich nicht länger aufschieben:

_____

_____

_____

_____

Mein Abend

Ich fühle mich:

☐ glücklich ☐ nachdenklich ☐ ängstlich ☐ erschöpft ☐ erleichtert
☐ zufrieden ☐ gekränkt ☐ ärgerlich ☐ liebevoll ☐ selbstbewusst

Dieser Tag war einmalig, weil ich das gelernt habe:

_____

_____

_____

Heute bin ich dankbar für

_____

_____

_____

Davon hätte ich gerne mehr in meinem Leben:

_____

_____

_____

Das hätte ich heute noch besser oder anders machen können:

_____

_____

_____

_____

DATUM: _____

Guten Morgen

Ich bin dankbar für:

_____

_____

_____

Was diesen Tag wunderbar machen wird:

_____

_____

_____

Meine Selbstbekräftigung & Tageslosung. Ich bin:

_____

_____

_____

Die wichtigste Aufgabe für heute ist:

_____

_____

Folgendes will ich nicht länger aufschieben:

_____

_____

_____

_____

Mein Abend

Ich fühle mich:

☐ glücklich ☐ nachdenklich ☐ ängstlich ☐ erschöpft ☐ erleichtert
☐ zufrieden ☐ gekränkt ☐ ärgerlich ☐ liebevoll ☐ selbstbewusst

Dieser Tag war einmalig, weil ich das gelernt habe:

_____

_____

_____

Heute bin ich dankbar für

_____

_____

_____

Davon hätte ich gerne mehr in meinem Leben:

_____

_____

_____

Das hätte ich heute noch besser oder anders machen können:

_____

_____

_____

_____

DATUM: _____

Guten Morgen

Ich bin dankbar für:

_____

_____

_____

Was diesen Tag wunderbar machen wird:

_____

_____

_____

Meine Selbstbekräftigung & Tageslosung. Ich bin:

_____

_____

_____

Die wichtigste Aufgabe für heute ist:

_____

_____

Folgendes will ich nicht länger aufschieben:

_____

_____

_____

_____

Mein Abend

**TAG
72**

Ich fühle mich:

☐ glücklich ☐ nachdenklich ☐ ängstlich ☐ erschöpft ☐ erleichtert
☐ zufrieden ☐ gekränkt ☐ ärgerlich ☐ liebevoll ☐ selbstbewusst

Dieser Tag war einmalig, weil ich das gelernt habe:

_____

_____

_____

Heute bin ich dankbar für

_____

_____

_____

Davon hätte ich gerne mehr in meinem Leben:

_____

_____

_____

Das hätte ich heute noch besser oder anders machen können:

_____

_____

_____

_____

DATUM: _____

Guten Morgen

TAG 73

Ich bin dankbar für:

_____

_____

_____

Was diesen Tag wunderbar machen wird:

_____

_____

_____

Meine Selbstbekräftigung & Tageslosung. Ich bin:

_____

_____

_____

Die wichtigste Aufgabe für heute ist:

_____

_____

Folgendes will ich nicht länger aufschieben:

_____

_____

_____

_____

Mein Abend

TAG 73

Ich fühle mich:

☐ glücklich ☐ nachdenklich ☐ ängstlich ☐ erschöpft ☐ erleichtert
☐ zufrieden ☐ gekränkt ☐ ärgerlich ☐ liebevoll ☐ selbstbewusst

Dieser Tag war einmalig, weil ich das gelernt habe:

_____

_____

_____

Heute bin ich dankbar für

_____

_____

_____

Davon hätte ich gerne mehr in meinem Leben:

_____

_____

_____

Das hätte ich heute noch besser oder anders machen können:

_____

_____

_____

_____

DATUM: _____

Guten Morgen

Ich bin dankbar für:

_____

_____

_____

Was diesen Tag wunderbar machen wird:

_____

_____

_____

Meine Selbstbekräftigung & Tageslosung. Ich bin:

_____

_____

_____

Die wichtigste Aufgabe für heute ist:

_____

_____

_____

Folgendes will ich nicht länger aufschieben:

_____

_____

_____

_____

Mein Abend

TAG 74

Ich fühle mich:

☐ glücklich ☐ nachdenklich ☐ ängstlich ☐ erschöpft ☐ erleichtert
☐ zufrieden ☐ gekränkt ☐ ärgerlich ☐ liebevoll ☐ selbstbewusst

Dieser Tag war einmalig, weil ich das gelernt habe:

_____

_____

_____

Heute bin ich dankbar für

_____

_____

_____

Davon hätte ich gerne mehr in meinem Leben:

_____

_____

_____

Das hätte ich heute noch besser oder anders machen können:

_____

_____

_____

_____

DATUM: _____

Guten Morgen

Ich bin dankbar für:

_____
_____
_____

Was diesen Tag wunderbar machen wird:

_____
_____
_____

Meine Selbstbekräftigung & Tageslosung. Ich bin:

_____
_____
_____

Die wichtigste Aufgabe für heute ist:

_____
_____

Folgendes will ich nicht länger aufschieben:

_____
_____
_____

Mein Abend

Ich fühle mich:

☐ glücklich ☐ nachdenklich ☐ ängstlich ☐ erschöpft ☐ erleichtert
☐ zufrieden ☐ gekränkt ☐ ärgerlich ☐ liebevoll ☐ selbstbewusst

Dieser Tag war einmalig, weil ich das gelernt habe:

_____

_____

_____

Heute bin ich dankbar für

_____

_____

_____

Davon hätte ich gerne mehr in meinem Leben:

_____

_____

_____

Das hätte ich heute noch besser oder anders machen können:

_____

_____

_____

_____

DATUM: _____

Guten Morgen

Ich bin dankbar für:

_____

_____

_____

Was diesen Tag wunderbar machen wird:

_____

_____

_____

Meine Selbstbekräftigung & Tageslosung. Ich bin:

_____

_____

_____

Die wichtigste Aufgabe für heute ist:

_____

_____

Folgendes will ich nicht länger aufschieben:

_____

_____

_____

_____

Mein Abend

TAG 76

Ich fühle mich:

☐ glücklich ☐ nachdenklich ☐ ängstlich ☐ erschöpft ☐ erleichtert
☐ zufrieden ☐ gekränkt ☐ ärgerlich ☐ liebevoll ☐ selbstbewusst

Dieser Tag war einmalig, weil ich das gelernt habe:

_____
_____
_____

Heute bin ich dankbar für

_____
_____
_____

Davon hätte ich gerne mehr in meinem Leben:

_____
_____
_____

Das hätte ich heute noch besser oder anders machen können:

_____
_____
_____
_____

DATUM: _____

Guten Morgen

Ich bin dankbar für:

_____

_____

_____

Was diesen Tag wunderbar machen wird:

_____

_____

_____

Meine Selbstbekräftigung & Tageslosung. Ich bin:

_____

_____

_____

Die wichtigste Aufgabe für heute ist:

_____

_____

Folgendes will ich nicht länger aufschieben:

_____

_____

_____

_____

Mein Abend

TAG 77

Ich fühle mich:

☐ glücklich ☐ nachdenklich ☐ ängstlich ☐ erschöpft ☐ erleichtert
☐ zufrieden ☐ gekränkt ☐ ärgerlich ☐ liebevoll ☐ selbstbewusst

Dieser Tag war einmalig, weil ich das gelernt habe:

_____

_____

_____

Heute bin ich dankbar für

_____

_____

_____

Davon hätte ich gerne mehr in meinem Leben:

_____

_____

_____

Das hätte ich heute noch besser oder anders machen können:

_____

_____

_____

DATUM: _____

Guten Morgen

Ich bin dankbar für:

_____
_____
_____

Was diesen Tag wunderbar machen wird:

_____
_____
_____

Meine Selbstbekräftigung & Tageslosung. Ich bin:

_____
_____
_____

Die wichtigste Aufgabe für heute ist:

_____
_____

Folgendes will ich nicht länger aufschieben:

_____
_____
_____
_____

Mein Abend

TAG 78

Ich fühle mich:

- ☐ glücklich ☐ nachdenklich ☐ ängstlich ☐ erschöpft ☐ erleichtert
- ☐ zufrieden ☐ gekränkt ☐ ärgerlich ☐ liebevoll ☐ selbstbewusst

Dieser Tag war einmalig, weil ich das gelernt habe:

_____

_____

_____

Heute bin ich dankbar für

_____

_____

_____

Davon hätte ich gerne mehr in meinem Leben:

_____

_____

_____

Das hätte ich heute noch besser oder anders machen können:

_____

_____

_____

_____

DATUM: _____

Guten Morgen

Ich bin dankbar für:

_____

_____

_____

Was diesen Tag wunderbar machen wird:

_____

_____

_____

Meine Selbstbekräftigung & Tageslosung. Ich bin:

_____

_____

_____

Die wichtigste Aufgabe für heute ist:

_____

_____

Folgendes will ich nicht länger aufschieben:

_____

_____

_____

_____

Mein Abend

Ich fühle mich:

☐ glücklich ☐ nachdenklich ☐ ängstlich ☐ erschöpft ☐ erleichtert
☐ zufrieden ☐ gekränkt ☐ ärgerlich ☐ liebevoll ☐ selbstbewusst

Dieser Tag war einmalig, weil ich das gelernt habe:

_____

_____

_____

Heute bin ich dankbar für

_____

_____

_____

Davon hätte ich gerne mehr in meinem Leben:

_____

_____

_____

Das hätte ich heute noch besser oder anders machen können:

_____

_____

_____

DATUM: _____

Guten Morgen

Ich bin dankbar für:

_____

_____

_____

Was diesen Tag wunderbar machen wird:

_____

_____

_____

Meine Selbstbekräftigung & Tageslosung. Ich bin:

_____

_____

_____

Die wichtigste Aufgabe für heute ist:

_____

_____

Folgendes will ich nicht länger aufschieben:

_____

_____

_____

_____

Mein Abend

TAG 80

Ich fühle mich:

☐ glücklich ☐ nachdenklich ☐ ängstlich ☐ erschöpft ☐ erleichtert
☐ zufrieden ☐ gekränkt ☐ ärgerlich ☐ liebevoll ☐ selbstbewusst

Dieser Tag war einmalig, weil ich das gelernt habe:

_____

_____

_____

Heute bin ich dankbar für

_____

_____

_____

Davon hätte ich gerne mehr in meinem Leben:

_____

_____

_____

Das hätte ich heute noch besser oder anders machen können:

_____

_____

_____

_____

DATUM: _____

Guten Morgen

Ich bin dankbar für:

_____

_____

_____

Was diesen Tag wunderbar machen wird:

_____

_____

_____

Meine Selbstbekräftigung & Tageslosung. Ich bin:

_____

_____

_____

Die wichtigste Aufgabe für heute ist:

_____

_____

Folgendes will ich nicht länger aufschieben:

_____

_____

_____

_____

Mein Abend

TAG 81

Ich fühle mich:

☐ glücklich ☐ nachdenklich ☐ ängstlich ☐ erschöpft ☐ erleichtert
☐ zufrieden ☐ gekränkt ☐ ärgerlich ☐ liebevoll ☐ selbstbewusst

Dieser Tag war einmalig, weil ich das gelernt habe:

_____

_____

_____

Heute bin ich dankbar für

_____

_____

_____

Davon hätte ich gerne mehr in meinem Leben:

_____

_____

_____

Das hätte ich heute noch besser oder anders machen können:

_____

_____

_____

_____

DATUM: _____

Guten Morgen

Ich bin dankbar für:

_____
_____
_____

Was diesen Tag wunderbar machen wird:

_____
_____
_____

Meine Selbstbekräftigung & Tageslosung. Ich bin:

_____
_____
_____

Die wichtigste Aufgabe für heute ist:

_____
_____

Folgendes will ich nicht länger aufschieben:

_____
_____
_____
_____

Mein Abend

Ich fühle mich:

☐ glücklich ☐ nachdenklich ☐ ängstlich ☐ erschöpft ☐ erleichtert
☐ zufrieden ☐ gekränkt ☐ ärgerlich ☐ liebevoll ☐ selbstbewusst

Dieser Tag war einmalig, weil ich das gelernt habe:

_____

_____

_____

Heute bin ich dankbar für

_____

_____

_____

Davon hätte ich gerne mehr in meinem Leben:

_____

_____

_____

Das hätte ich heute noch besser oder anders machen können:

_____

_____

_____

_____

DATUM: _____

Guten Morgen

Ich bin dankbar für:

_____

_____

_____

Was diesen Tag wunderbar machen wird:

_____

_____

_____

Meine Selbstbekräftigung & Tageslosung. Ich bin:

_____

_____

_____

Die wichtigste Aufgabe für heute ist:

_____

_____

_____

Folgendes will ich nicht länger aufschieben:

_____

_____

_____

_____

Mein Abend

Ich fühle mich:

- [ ] glücklich
- [ ] zufrieden
- [ ] nachdenklich
- [ ] gekränkt
- [ ] ängstlich
- [ ] ärgerlich
- [ ] erschöpft
- [ ] liebevoll
- [ ] erleichtert
- [ ] selbstbewusst

Dieser Tag war einmalig, weil ich das gelernt habe:

_____

_____

_____

Heute bin ich dankbar für

_____

_____

_____

Davon hätte ich gerne mehr in meinem Leben:

_____

_____

_____

Das hätte ich heute noch besser oder anders machen können:

_____

_____

_____

_____

DATUM: _____

Guten Morgen

Ich bin dankbar für:

_____

_____

_____

Was diesen Tag wunderbar machen wird:

_____

_____

_____

Meine Selbstbekräftigung & Tageslosung. Ich bin:

_____

_____

_____

Die wichtigste Aufgabe für heute ist:

_____

_____

Folgendes will ich nicht länger aufschieben:

_____

_____

_____

_____

Mein Abend

TAG 84

Ich fühle mich:

☐ glücklich ☐ nachdenklich ☐ ängstlich ☐ erschöpft ☐ erleichtert
☐ zufrieden ☐ gekränkt ☐ ärgerlich ☐ liebevoll ☐ selbstbewusst

Dieser Tag war einmalig, weil ich das gelernt habe:

_____

_____

_____

Heute bin ich dankbar für

_____

_____

_____

Davon hätte ich gerne mehr in meinem Leben:

_____

_____

_____

Das hätte ich heute noch besser oder anders machen können:

_____

_____

_____

_____

DATUM: _____

Guten Morgen

Ich bin dankbar für:

_____

_____

_____

Was diesen Tag wunderbar machen wird:

_____

_____

_____

Meine Selbstbekräftigung & Tageslosung. Ich bin:

_____

_____

_____

Die wichtigste Aufgabe für heute ist:

_____

_____

_____

Folgendes will ich nicht länger aufschieben:

_____

_____

_____

_____

Mein Abend

TAG 85

Ich fühle mich:

- [ ] glücklich
- [ ] zufrieden
- [ ] nachdenklich
- [ ] gekränkt
- [ ] ängstlich
- [ ] ärgerlich
- [ ] erschöpft
- [ ] liebevoll
- [ ] erleichtert
- [ ] selbstbewusst

Dieser Tag war einmalig, weil ich das gelernt habe:

_____

_____

_____

Heute bin ich dankbar für

_____

_____

_____

Davon hätte ich gerne mehr in meinem Leben:

_____

_____

_____

Das hätte ich heute noch besser oder anders machen können:

_____

_____

_____

_____

DATUM: _____

Guten Morgen

Ich bin dankbar für:

_____

_____

_____

Was diesen Tag wunderbar machen wird:

_____

_____

_____

Meine Selbstbekräftigung & Tageslosung. Ich bin:

_____

_____

_____

Die wichtigste Aufgabe für heute ist:

_____

_____

Folgendes will ich nicht länger aufschieben:

_____

_____

_____

_____

Mein Abend

TAG 86

Ich fühle mich:

☐ glücklich ☐ nachdenklich ☐ ängstlich ☐ erschöpft ☐ erleichtert
☐ zufrieden ☐ gekränkt ☐ ärgerlich ☐ liebevoll ☐ selbstbewusst

Dieser Tag war einmalig, weil ich das gelernt habe:

_____

_____

_____

Heute bin ich dankbar für

_____

_____

_____

Davon hätte ich gerne mehr in meinem Leben:

_____

_____

_____

Das hätte ich heute noch besser oder anders machen können:

_____

_____

_____

_____

DATUM: _____

Guten Morgen

Ich bin dankbar für:

_____

_____

_____

Was diesen Tag wunderbar machen wird:

_____

_____

_____

Meine Selbstbekräftigung & Tageslosung. Ich bin:

_____

_____

_____

Die wichtigste Aufgabe für heute ist:

_____

_____

Folgendes will ich nicht länger aufschieben:

_____

_____

_____

_____

Mein Abend

TAG 87

Ich fühle mich:

- ☐ glücklich ☐ nachdenklich ☐ ängstlich ☐ erschöpft ☐ erleichtert
- ☐ zufrieden ☐ gekränkt ☐ ärgerlich ☐ liebevoll ☐ selbstbewusst

Dieser Tag war einmalig, weil ich das gelernt habe:

_____

_____

_____

Heute bin ich dankbar für

_____

_____

_____

Davon hätte ich gerne mehr in meinem Leben:

_____

_____

_____

Das hätte ich heute noch besser oder anders machen können:

_____

_____

_____

_____

DATUM: _____

Guten Morgen

Ich bin dankbar für:

_____

_____

_____

Was diesen Tag wunderbar machen wird:

_____

_____

_____

Meine Selbstbekräftigung & Tageslosung. Ich bin:

_____

_____

_____

Die wichtigste Aufgabe für heute ist:

_____

_____

Folgendes will ich nicht länger aufschieben:

_____

_____

_____

_____

Mein Abend

TAG 88

Ich fühle mich:

☐ glücklich ☐ nachdenklich ☐ ängstlich ☐ erschöpft ☐ erleichtert
☐ zufrieden ☐ gekränkt ☐ ärgerlich ☐ liebevoll ☐ selbstbewusst

Dieser Tag war einmalig, weil ich das gelernt habe:

_____

_____

_____

Heute bin ich dankbar für

_____

_____

_____

Davon hätte ich gerne mehr in meinem Leben:

_____

_____

_____

Das hätte ich heute noch besser oder anders machen können:

_____

_____

_____

DATUM: _____

Guten Morgen

Ich bin dankbar für:

_____

_____

_____

Was diesen Tag wunderbar machen wird:

_____

_____

_____

Meine Selbstbekräftigung & Tageslosung. Ich bin:

_____

_____

_____

Die wichtigste Aufgabe für heute ist:

_____

_____

Folgendes will ich nicht länger aufschieben:

_____

_____

_____

_____

Mein Abend

TAG 89

Ich fühle mich:

☐ glücklich ☐ nachdenklich ☐ ängstlich ☐ erschöpft ☐ erleichtert
☐ zufrieden ☐ gekränkt ☐ ärgerlich ☐ liebevoll ☐ selbstbewusst

Dieser Tag war einmalig, weil ich das gelernt habe:

_____

_____

_____

Heute bin ich dankbar für

_____

_____

_____

Davon hätte ich gerne mehr in meinem Leben:

_____

_____

_____

Das hätte ich heute noch besser oder anders machen können:

_____

_____

_____

DATUM: _____

Guten Morgen

Ich bin dankbar für:

_____
_____
_____

Was diesen Tag wunderbar machen wird:

_____
_____
_____

Meine Selbstbekräftigung & Tageslosung. Ich bin:

_____
_____
_____

Die wichtigste Aufgabe für heute ist:

_____
_____

Folgendes will ich nicht länger aufschieben:

_____
_____
_____
_____

Mein Abend

Ich fühle mich:

☐ glücklich ☐ nachdenklich ☐ ängstlich ☐ erschöpft ☐ erleichtert
☐ zufrieden ☐ gekränkt ☐ ärgerlich ☐ liebevoll ☐ selbstbewusst

Dieser Tag war einmalig, weil ich das gelernt habe:

_____

_____

_____

Heute bin ich dankbar für

_____

_____

_____

Davon hätte ich gerne mehr in meinem Leben:

_____

_____

_____

Das hätte ich heute noch besser oder anders machen können:

_____

_____

_____

_____

Hast du es bemerkt?

Du wirst die Freude und das Glück nicht in dem finden, was du nicht hast. Oder in dem, was nicht stimmt.

Die Freude wohnt woanders.

Oft in dem, was gut ist in deinem Leben. In dem was du bisher als selbstverständlich gehalten hast oder in den Dingen, die du bisher ignoriert hast.

Wenn das Tagebuch Dir das gezeigt hat, dann bist du einen Riesenschritt weiter gekommen. Bleib dran und mach weiter, du kannst alles mit dem nächsten Tagebuch noch vertiefen.

Wenn dich interessiert, was dir sonst noch weiterhilft dann schau auf meine Homepage **www.ilona-steinert.de** oder stöbere in meinem Buch „Impulse" für ein ganzes Jahr der Transformation zu der Frau, die du in Wahrheit bist.

 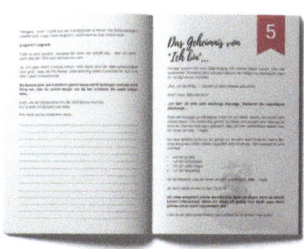

Ich wünsche dir ein gutes Leben.

Deine Ilona